St.Moritz

DEIN CITY TAGEBUCH

Dieses Buch gehört:

Vorname _____

Name _____

Email _____

Telefon _____

Adresse _____

_____

_____

Mit Liebe verlegt von der What I Like GmbH
in der Schweiz.

© 2018 What I Like GmbH

ISBN 978-3-9524809-6-0

Für personalisierte- oder gebrandete Editionen
sowie Kundengeschenke kontaktieren Sie uns bitte
via Email unter mail@whatilike.com.

Idee und Konzept
What I Like GmbH

St. Moritz

St. Moritz - Zahlen & Fakten
Anzahl Einwohner (2016): 5'084
Fläche (in km²): 28,69
Höhe ü. Meer (in m): 1'822
Gegründet: Zwischen 1137 - 1139

Der Stempel von St. Moritz
(Der Beweis, dass du wirklich hier warst – *Erhältlich bei der Gemeinde St. Moritz, Via Maistra 12*)

St. Moritz

DEIN CITY TAGEBUCH

Inhalt

What I Like

So funktioniert's

Allegra!

Schön, dass du das *What I Like* City-Tagebuch für St. Moritz in deinen Händen hältst. St. Moritz – Was für ein toller Ort!

Mit diesem Buch kannst du
( ) alle deine Lieblingsorte in St. Moritz festhalten.
( ) Freunde mit wertvollen Tipps beglücken.
( ) dich neu in St. Moritz verlieben.

Füll es aus, bewerte jeden Beitrag mit ☆ bis
☆☆☆☆☆ und klebe gesammelte Visitenkarten ein.
So machst du dieses Buch zu deinem ganz persönlichen Städteführer.

Aber Vorsicht! Wenn du es deinen Freunden leihst, wirst du dein City-Tagebuch wahrscheinlich nie wiedersehen.

Über dich

Du reist gerne
( ) alleine. ( ) in Gruppen.
( ) in guter Gesellschaft.

Du erstellst eine Check-Liste fürs Packen.
( ) Check! ( ) Nein

Du nimmst tendenziell zuviel mit.
( ) Ja ( ) Oh ja!

Du trägst deinen Koffer selbst.
( ) Ja ( ) Nein

Dein Lieblingstransportmittel:
( ) Zug ( ) Flugzeug ( ) Auto ( ) Fahrrad
( ) Motorrad ( ) Boot ( ) Privat-Jet

Du bist (wähle so viele du magst)
( ) ein Geniesser.
( ) ein Abenteurer.
( ) eine Partynudel.
( ) gefangen in deinem Budget.
( ) ein Reiseführer-Auswendiglerner.

Der erste Ort, in den du dich verliebt hast:

(*dieser*) _____

Drei Dinge, die du am Reisen liebst:

1. _____

2. _____

3. _____

Du bist in St. Moritz, weil du

hier _____

In St. Moritz warst du
( ) bisher nur ein Mal. ( ) 2 - 10 Mal. ( ) über 10 Mal.
( ) schon immer. ( ) noch nie!

Das liebst du an St. Moritz:

(*das*) _____

_____

Lieblingsorte

**Dein absoluter Lieblingsort
in / in der Nähe von St. Moritz:**

ORT _____

☆☆☆☆☆ FÜR _____

SAG WARUM _____

_____

_____

WIE KOMMT MAN AM BESTEN HIN? _____

_____

Deine Lieblingsstrasse:

STRASSE _____

☆☆☆☆☆ FÜR _____

SAG WARUM _____

_____

_____

WIE KOMMT MAN AM BESTEN HIN? _____

_____

Dein Lieblingsplatz:

PLATZ _____

☆☆☆☆☆ FÜR _____

SAG WARUM _____

_____

_____

WIE KOMMT MAN AM BESTEN HIN? _____

_____

Dein Lieblingsgebäude:

GEBÄUDE _____

☆☆☆☆☆ FÜR _____

SAG WARUM _____

_____

_____

WIE KOMMT MAN AM BESTEN HIN? _____

_____

Dein Lieblingsaussichtspunkt:

AUSSICHTSPUNKT _____

☆☆☆☆☆ FÜR _____

SAG WARUM _____

_____

_____

WIE KOMMT MAN AM BESTEN HIN? _____

_____

Dein Lieblingssee im Engadin:

SEE _____

☆☆☆☆☆ FÜR _____

SAG WARUM _____

_____

_____

DEIN LIEBLINGSPLATZ AN DIESEM SEE _____

_____

Dein Lieblingsberg:

BERG _____

☆☆☆☆☆ FÜR _____

SAG WARUM _____

_____

_____

WIE KOMMT MAN AM BESTEN HIN? _____

_____

Ein kleiner Ortsrundgang:
(Mach eine einfache Skizze)

Übernachten

Deine Lieblingsübernachtungsmöglichkeit in / in der Nähe von St. Moritz:

HOTEL / B&B _____

☆☆☆☆☆ FÜR _____

WAS GEFÄLLT DIR HIER? _____

_____

ADRESSE _____

_____

WWW _____

Oder:
( ) Bei (*dieser Person*) _____
( ) Bei dir zuhause.

Hier schläft man gut und günstig:

HOTEL / B&B _____

☆☆☆☆☆ FÜR _____

WAS GEFÄLLT DIR HIER? _____

_____

ADRESSE _____

_____

WWW _____

Hier wolltest du schon immer mal absteigen:

HOTEL / B&B _____

☆☆☆☆☆ FÜR _____

WAS GEFÄLLT DIR HIER? _____

_____

ADRESSE _____

_____

WWW _____

Visitenkarten von Hotels und anderen Übernachtungsmöglichkeiten:
(Bitte sorgfältig einkleben)

Essen

IN ST. MORITZ

Du magst
( ) einfach aber raffiniert.   ( ) kulinarische Höhenflüge.
( ) weisse Tischtücher.   ( ) runde Teller.
( ) Bedienung mit Deutschkenntnissen.   ( ) gutes Licht.
( ) regionale Zutaten.   ( ) urchige Stuben.

**Dein Lieblingsrestaurant
in / in der Nähe von St. Moritz:**

RESTAURANT _____

☆☆☆☆☆ FÜR _____

WAS ISST MAN HIER? _____

_____

ADRESSE _____

_____

WWW _____

🍷🍴

Die besten Bündner Spezialitäten gibt's hier:

RESTAURANT _____

☆☆☆☆☆ FÜR _____

WAS ISST MAN HIER? _____

_____

ADRESSE _____

_____

WWW _____

Der beste Ort für Frühstück oder Brunch:

RESTAURANT / CAFÉ _____

☆☆☆☆☆ FÜR _____

WAS ISST MAN HIER? _____

_____

ADRESSE _____

_____

WWW _____

¶¶

Bestes Mittagessen:

RESTAURANT _____

☆☆☆☆☆ FÜR _____

WAS ISST MAN HIER? _____

_____

ADRESSE _____

_____

WWW _____

Die beste Sonnenterrasse:

RESTAURANT _____

☆☆☆☆☆ FÜR _____

WAS ISST MAN HIER? _____

_____

ADRESSE _____

_____

WWW _____

Am besten zu zweit:

RESTAURANT _____

☆☆☆☆☆ FÜR _____

WAS ISST MAN HIER? _____

_____

ADRESSE _____

_____

WWW _____

Am besten in einer grossen Gruppe:

RESTAURANT _____

☆☆☆☆☆ FÜR _____

WAS ISST MAN HIER? _____

_____

ADRESSE _____

_____

WWW _____

Visitenkarten von Restaurants:
(Bitte sorgfältig einkleben)

Einkaufen

Du magst
( ) ausgefallenen Luxus. ( ) spezielle Mitbringsel.
( ) ein tolles Einkaufserlebnis. ( ) lokale Spezialitäten.
( ) Auswahl. ( ) kleine Preise. ( ) Schaufensterbummel.

**Dein Lieblingsgeschäft
in St. Moritz:**

GESCHÄFT _____

☆☆☆☆☆ FÜR _____

WAS KAUFTST DU HIER? _____

_____

ADRESSE _____

_____

WWW _____

Genau dein Style:

GESCHÄFT _____

☆☆☆☆☆ FÜR _____

WAS KAUFST DU HIER? _____

_____

ADRESSE _____

_____

WWW _____

Das beste Souvenir-Geschäft:

GESCHÄFT _____

☆☆☆☆☆ FÜR _____

WAS KAUFST DU HIER? _____

_____

ADRESSE _____

_____

WWW _____

Hier gibt's die besten Lebensmittel:

GESCHÄFT _____

☆☆☆☆☆ FÜR _____

WAS KAUFT MAN HIER? _____

_____

ADRESSE _____

_____

WWW _____

Das beste Sportgeschäft:

GESCHÄFT _____

☆☆☆☆☆ FÜR _____

WAS KAUFT MAN HIER? _____

_____

ADRESSE _____

_____

WWW _____

Deine Lieblings-Kunstgalerie:

GALERIE _____

☆☆☆☆☆ FÜR _____

WAS KAUFT MAN HIER? _____

_____

ADRESSE _____

_____

WWW _____

🛒

Visitenkarten von Geschäften:
(Bitte sorgfältig einkleben)

Cafés

IN ST. MORITZ

Du magst
( ) gute Kaffee-Kultur.   ( ) leckere Kuchen.
( ) süsse Bedienungen.   ( ) WiFi.   ( ) Ruhe.
( ) Menschen beobachten.

**Dein Lieblingscafé
in / in der Nähe von St. Moritz:**

CAFÉ _____

☆☆☆☆☆ FÜR _____

WAS IST GUT HIER? _____

_____

ADRESSE _____

_____

WWW _____

Den besten Kaffee gibt's hier:

CAFÉ _____

☆☆☆☆☆ FÜR _____

WAS IST GUT HIER? _____

_____

ADRESSE _____

_____

WWW _____

Das beste Ambiente:

CAFÉ _____

☆☆☆☆☆ FÜR _____

WAS IST GUT HIER? _____

_____

ADRESSE _____

_____

WWW _____

Visitenkarten von Cafés:
(Bitte sorgfältig einkleben)

Ausgehen

IN ST. MORITZ

Du magst
( ) coole Leute. ( ) Champagner & Cocktails.
( ) exklusives Ambiente. ( ) Live-Musik. ( ) tanzen.
( ) schummriges Licht. ( ) Après-Ski Parties.

Deine Lieblingsbar in St. Moritz:

BAR _____

☆☆☆☆☆ FÜR _____

WAS TRINKT MAN HIER? _____

_____

ADRESSE _____

_____

WWW _____

Y

Die beste Hotelbar:

HOTEL / BAR _____

☆☆☆☆☆ FÜR _____

WAS TRINKT MAN HIER? _____

_____

ADRESSE _____

_____

WWW _____

Hier lernt man am besten neue Leute kennen:

BAR _____

☆☆☆☆☆ FÜR _____

WAS TRINKT MAN HIER? _____

_____

ADRESSE _____

_____

WWW _____

Y

Dein Lieblingsclub:

CLUB _____

☆☆☆☆☆ FÜR _____

LIEBLINGSPARTY _____

_____

ADRESSE _____

_____

WWW _____

Der beste Aprés-Ski Ort:

BAR / CLUB _____

☆☆☆☆☆ FÜR _____

ZU WAS TANZT MAN HIER? _____

_____

ADRESSE _____

_____

WWW _____

Visitenkarten von Bars & Clubs:
(Bitte sorgfältig einkleben)

Aktivitäten

Du magst
( ) viel Action! ( ) es lieber ruhig. ( ) Exklusives.
( ) körperliche Ertüchtigung. ( ) Entspannung.
( ) dem Alltag entfliehen. ( ) schöne Aussichten.
( ) sportliche Höchstleitungen. ( ) viel Sonne.

Das machst du am liebsten in St. Moritz:

AKTIVITÄT _____

☆☆☆☆☆ FÜR _____

ORT _____

_____

_____

Deine Lieblingsskipiste:

SKIPISTE _____

☆☆☆☆☆ FÜR _____

_____

Dein Lieblingsspaziergang im Winter:

VON _____

NACH _____

☆☆☆☆☆ FÜR _____

DISTANZ / ZEIT _____

Deine Lieblingswanderung im Sommer:

VON _____

NACH _____

☆☆☆☆☆ FÜR _____

SCHWIERIGKEITSGRAD _____

DISTANZ / ZEIT _____

Deine Lieblingsseilbahn:

SEILBAHN _____

VON _____

NACH _____

☆☆☆☆☆ FÜR _____

Deine Lieblingsbusfahrt:

BUSLINIE _____

VON _____

NACH _____

☆☆☆☆☆ FÜR _____

Die beste Radtour / Biketour:

VON _____

NACH _____

☆☆☆☆☆ FÜR _____

DISTANZ / ZEIT _____

Deine Lieblingslanglaufloipe:

VON _____

NACH _____

☆☆☆☆☆ FÜR _____

Der beste Ort zum Schlittschuhlaufen:

SEE / ORT _____

☆☆☆☆☆ FÜR _____

Die beste Rodelbahn:

VON _____

NACH _____

☆☆☆☆☆ FÜR _____

WIE KOMMT MAN AM BESTEN HIN? _____

_____

Kultur

Du magst
( ) Polo. ( ) Pferderennen. ( ) Konzerte. ( ) Glamour.
( ) private Parties. ( ) Sportanlässe. ( ) Ausstellungen.
( ) Theater. ( ) Kunst. ( ) Festivals aller Art.

**Deine Lieblingsveranstaltung
in / in der Nähe von St. Moritz:**

VERANSTALTUNG _____

☆☆☆☆☆ FÜR _____

WANN FINDET SIE STATT? _____

_____

ADRESSE _____

_____

WWW _____

Dein Lieblingsmuseum:

MUSEUM _____

☆☆☆☆☆ FÜR _____

WAS SIEHT MAN HIER? _____

_____

ADRESSE _____

_____

WWW _____

Deine Lieblingsveranstaltung im Frühling:

VERANTSTALTUNG _____

☆☆☆☆☆ FÜR _____

WANN FINDET SIE STATT? _____

_____

ADRESSE _____

_____

WWW _____

Deine Lieblingsveranstaltung im Sommer:

VERANTSTALTUNG _____

☆☆☆☆☆ FÜR _____

WANN FINDET SIE STATT? _____

_____

ADRESSE _____

_____

WWW _____

Deine Lieblingsveranstaltung im Herbst:

VERANTSTALTUNG _____

☆☆☆☆☆ FÜR _____

WANN FINDET SIE STATT? _____

_____

ADRESSE _____

_____

WWW _____

Deine Lieblingsveranstaltung im Winter:

VERANTSTALTUNG _____

☆☆☆☆☆ FÜR _____

WANN FINDET SIE STATT? _____

_____

ADRESSE _____

_____

WWW _____

Menschen

IN ST. MORITZ

Du magst es
( ) verbindlich. ( ) easy. ( ) gesellig. ( ) gemütlich.
( ) privat. ( ) oberflächlich. ( ) tiefgründig.
( ) in grossen Gruppen. ( ) im kleinen Kreis.

**Dein Lieblingsmensch
in St. Moritz:**

VORNAME _____

NACHNAME _____

HIER HABT IHR EUCH KENNENGELERNT _____

_____

ADRESSE _____

_____

TELEFONNUMMER _____

EMAIL _____

Ein St. Moritzer Original:

NAME _____

HIER HABT IHR EUCH KENNENGELERNT _____

_____

ADRESSE _____

_____

TELEFONNUMMER _____

EMAIL _____

Die letzte Person, die du in St. Moritz kennengelernt hast:

NAME _____

HIER HABT IHR EUCH KENNENGELERNT _____

_____

ADRESSE _____

_____

TELEFONNUMMER _____

EMAIL _____

Visitenkarten von Menschen:
(Bitte sorgfältig einkleben)

Notizen

Die *What I Like* City-Tagebücher sind jetzt erhätlich auf
www.whatilike.com
sowie in ausgesuchten Geschäften in der Schweiz.

www.ingramcontent.com/pod-product-compliance
Lightning Source LLC
Chambersburg PA
CBHW070801300326
41914CB00052B/375